GOUVERNEMENT GÉNÉRAL DE L'ALGÉRIE

DIRECTION DES AFFAIRES INDIGÈNES

SERVICE DES COMMUNES MIXTES

# ÉTUDE DE CERTAINES QUESTIONS

## INTÉRESSANT L'ALGÉRIE

ALGER

IMPRIMERIE ADMINISTRATIVE VICTOR HEINTZ

37, Rue d'Isly et Place Bugeaud

1909

GOUVERNEMENT GÉNÉRAL DE L'ALGÉRIE

DIRECTION DES AFFAIRES INDIGÈNES

SERVICE DES COMMUNES MIXTES

# ÉTUDE DE CERTAINES QUESTIONS

## INTÉRESSANT L'ALGÉRIE

ALGER

IMPRIMERIE ADMINISTRATIVE VICTOR HEINTZ

37, Rue d'Isly et Place Bugeaud

1909

# ÉTUDE DE CERTAINES QUESTIONS

## INTÉRESSANT L'ALGÉRIE

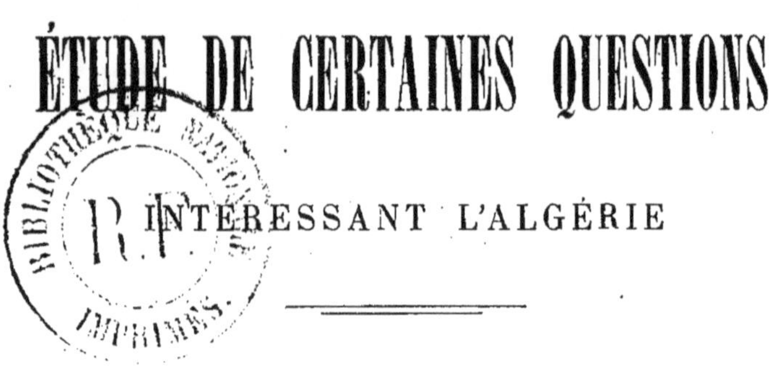

Alger, le 24 mars 1909.

Le Gouverneur général de l'Algérie,

à Messieurs les Préfets.

Mon attention est appelée sur l'intérêt qu'il y aurait à mettre à profit les aptitudes spéciales que possèdent un certain nombre d'administrateurs de communes mixtes en leur recommandant l'étude de diverses questions intéressant l'Algérie, et portant notamment sur l'archéologie, l'agriculture, la géologie, la géographie locale, les dialectes arabe et berbère, l'ethnographie, le folklore, les coutumes locales, la propriété indigène, les arts et industries indigènes, etc...

Je me propose d'attribuer aux auteurs des meilleurs travaux qui seront présentés, une ou deux primes pouvant s'élever ensemble à un millier de francs.

Afin de permettre à ceux des fonctionnaires du service des communes mixtes qui entreprendront ces études de les poursuivre avec méthode et clarté j'ai demandé à M. le Recteur de l'Académie d'Alger de faire établir par les membres du corps enseignant des programmes indiquant d'une façon sommaire la nature des questions qui pourraient être utilement traitées.

Vous trouverez ci-annexés les programmes dressés par MM. Gsell, Ficheur, Morand, Peltier, E. Gautier, Trabut et Marçais. J'ajouterai que ces professeurs se tiennent à la disposition des administrateurs qui vou-

ront se charger de l'étude de l'une des questions por-
es dans le sommaire établi par chacun d'eux.

Je vous serai obligé de vouloir bien signaler à MM.
s administrateurs des communes mixtes de votre
épartement l'importance que j'attache à l'étude de
s questions. Je vous prie d'insister en outre auprès
eux sur l'intérêt qu'ils ont à se mettre en communi-
ition avec les professeurs compétents qui ne pour-
nt que faciliter leur tâche en les aidant de leurs
nseils.

En ce qui concerne spécialement les travaux ar-
iéologiques, je tiens à la disposition des administra-
urs qui se voudront se livrer à des recherches de
tte nature les « Instructions pour la conduite des
uilles archéologiques en Algérie » publiées en
01 par le Gouvernement général, ainsi que les car-
s et notices extraites de l'Atlas archéologique de
lgérie et correspondant aux régions que ces fonc-
nnaires se proposeraient d'étudier. Ils pourront en
ire la demande directement à la direction des Affai-
s indigènes.

Signé : JONNART.

## Recherches archéologiques (M. GSELL)

Il est difficile de tracer un programme détaillé. Ces recherches peuvent consister : 1° en une étude d'ensemble de la vie antique dans une région déterminée ; 2° dans le relevé des inscriptions gisant à la surface du sol et restées inédites ; 3° dans des fouilles, qui, au besoin, seraient subventionnées par le Gouvernement général.

Pour orienter les administrateurs de bonne volonté, on tiendra à leur disposition les « Instructions pour la conduite des fouilles archéologiques en Algérie ».

M. Gsell pourra aussi faire adresser un volume publié en 1890 par le Ministère de l'Instruction publique et intitulé « Recherche des antiquités dans le Nord de l'Afrique ».

Enfin des cartes et notices extraites de l'Atlas archéologique de l'Algérie et correspondant aux régions que des administrateurs se proposeraient d'étudier seront envoyées, sur leur demande, à ces fonctionnaires.

M. Gsell se tiendra, en outre, à la disposition de ces administrateurs pour l'envoi de papier à estampage, pour l'établissement de programmes particuliers et pour tous autres renseignements utiles.

---

## Agriculture (M. TRABUT)

1° Utilisation des eaux d'hiver en montagne et dans les plaines. — Bornages de retenue, reconstitution des travaux anciens, romains et autres ;

2° Culture des céréales dans les pays confinant les steppes et ne mesurant que 350 m/m de pluie et même moins ;

3° Elevage de l'autruche dans les steppes. — Les anciens peuplements d'autruches. — Causes de leur disparition. — Mesures administratives propres à les reconstituer ;

4° Le déboisement des montagnes. — Mesures administratives capables d'en arrêter les progrès;

5° Utilisation, par une culture sommaire d'une céréale ou d'une plante fourragère, des dépressions à armoise ( شيح ), à harmel, etc., qui reçoivent dans les steppes, les eaux de ruissellement provenant de la steppe rocailleuse à alfa. Ces dépressions limoneuses sont loin d'être stériles; le sol y est argilo-sableux assez humifère.

---

### Géologie (M. FICHEUR)

Sans vouloir demander à MM. les Administrateurs de s'appliquer à des études techniques auxquelles, sauf exception, ils ne se trouvent pas préparés, des observations réfléchies et consciencieuses peuvent fournir, sur un certain nombre de questions intéressant la connaissance du sol et du sous-sol, des travaux d'un grand intérêt, des monographies locales ou régionales, apportant des frais précis et des documents utiles. L'attrait que devra présenter, pour quelques-uns de ces fonctionnaires, la connaissance approfondie du pays qu'ils administrent et qu'ils sont appelés à parcourir en tous sens, leur permettra de comprendre l'influence du sol sur l'habitant, et leur suggérera bien des améliorations profitables aux populations.

C'est du reste, dans cet ordre de vues qu'un certain nombre d'administrateurs ont profité des passages et des séjours de collaborateurs du service géologique dans leur pays, pour se documenter sur des questions pratiques résultant de l'étude du terrain, et tirer souvent un bon profit des indications qui leur ont été fournies.

Les géologues qui appartiennent à l'Ecole des Sciences, en qualité de professeurs, chefs de travaux et qui s'y trouvent rattachés indirectement comme collaborateurs du service géologique, ne demandent qu'à prêter leur concours le plus entier à MM. les Administrateurs pour les documenter et faciliter les études qu'ils voudront entreprendre.

Le professeur de géologie, qui dirige les travaux de la carte géologique, désire vivement que les Administrateurs se tiennent en relation constante avec lui, pour les renseignements utiles.

Voici le programme sommaire qui peut être présenté dans cet ordre d'études.

I. Constitution physique du sol ; rapports des terrains avec les différents aspects du pays et la forme des reliefs ; particularités orographiques ; relations entre la nature des roches et le développement de la végétation arborescente ou arbustive ; délimitation des zônes de cultures.

II. Inventaire des matériaux utilisables pour les constructions et les travaux publics; produits utiles à l'agriculture; carrières, calcaires, marbres, grés ; gisements de gypse, soufre, phosphates ; traces charbonneuses ou bitumeuses, grottes à guanos.

Utilisation par les indigènes ; terres à briques et à poteries; modes d'exploitation.

Relevé des gîtes, de leur étendue, conditions d'affleurement, nature des terrains encaissants.

III. Signaler les trouvailles de débris fossiles, animaux et végétaux: ossements, coquilles, traces organiques diverses; empreintes végétales.

Débris de l'industrie humaine : silex taillés, tumuli, etc...

IV Géophysique. — Phénomènes récents et actuels: Erosion, désagrégation des roches, constatées à la suite de violents orages, de périodes pluvieuses ; glissements de terrains. Débordements des cours d'eau, affouillement des berges, déplacements des lits de rivière.

Alluvionnement, cônes de déjection, barrages naturels, marécages.

Actions éoliennes : transport des sables ; dunes. Influence de la sécheresse prolongée ; modification du régime désertique. Dénudation.

Modifications dans l'état du sol. Actions de la végétation arborescente dans le régime des cours d'eau torrentiels. Endiguements possibles.

V. Hydrologie. — Reconnaissance des niveaux aquifères, suintements, sources ; situation et variations de débit aux différentes saisons. Relations des sources avec les agglomérations et groupements indigènes, amélioration des conditions de captage et d'aménagement.

Puits : profondeur, terrains traversés, variations de niveau. — Alimentation des douars ou groupements indigènes.

Relevé des sources minérales, thermales. Sources sulfureuses. — Dépôts produits par les sources.

VI. Irrigations. — Barrages établis dans les massifs montagneux (Kabylie, Aurès) ; conditions d'installation.

VII. Modifications sur le littoral. — Anciennes plages, anciennes dunes, traces des changements de niveau de la mer, action des tempêtes, éboulements, arrachements, destruction des falaises, etc.

---

### Géographie (M. EMILE GAUTIER)

*Topographie de détail.* — Cartes à grande échelle et formes de terrains particulières à l'Algérie, comme les montagnes de sel (Djelfa, El-Outaya, etc.) ou bien encore les dunes. Une étude de ce genre exigerait la connaissance ou l'apprentissage des procédés de la topographie.

*Etude géographique d'un chott déterminé.* — On trouvera un prototype très général, une bonne bibliographie et un programme de travail dans Alfred Bel « Les lacs d'Algérie », communication faite au congrès des sociétés françaises de géographie à Oran le 2 avril 1902.

*Spéléologie.* — Relever les points où se trouvent des cavernes. — Les explorer, c'est-à-dire y pénétrer en allant aussi loin que possible, ce qui peut conduire à plusieurs kilomètres sous terre, et en relever la carte avec une boussole et un décamètre.

— Faire, si possible, une étude de la roche encaissante, et rechercher les relations de la caverne avec les sources ou les cours d'eau, — ceci est naturellement plus délicat.

— Prélever des échantillons de l'eau, chercher et recueillir les plantes, insectes, mollusques, crustacés, éventuellement les poissons, reptiles, rats, etc....

— Faire des observations thermométriques (air et eau).

— Photographies au magnésium si l'on peut.

— Recueillir les légendes ou les faits historiques se rattachant à la caverne étudiée.

*Tombeaux préhistoriques.* — Dolmens, redjem, bazino, chouchet; s'astreindre à des études de détail, méthodiques et méticuleuses.

L'énumération de ces sujets de travail n'a pas la prétention d'être exhaustive. Chaque région est susceptible d'en suggérer de nouveaux. Par exemple, là où il se trouve des sources thermales très fréquentées par les indigènes on a sous la main un sujet d'études intéressant à des points de vue multiples, hydrologie, médecine, magie, géographie humaine.

*Monographie régionales.* — Par dessus tout de bonnes monographies régionales par des administrateurs ayant séjourné plusieurs années seraient infiniment précieuses. Les officiers de bureau arabe en font et en publient d'intéressantes sur les pays neufs (le Touat, Colomb-Béchar, etc.).

On s'imagine peut-être que l'Algérie est plus connue; c'est une erreur; dès qu'on arrive au détail, la géographie humaine des indigènes en particulier est tout à fait terra incognita. Les variations extrêmement grandes de province à province, dans l'habitation, le groupement, la culture, le pâturage, l'industrie, le commerce attendent qu'on les étudie. Un administrateur qui a séjourné longtemps n'aurait qu'à causer par écrit ses souvenirs. Il faut mentionner encore l'étudé régionale des climats, comportant la multiplication de stations météorologiques.

## Linguistique (M. Marçais)

I. — Description détaillée de l'habitation (tente, gourbi, maison), *avec indication précise du vocabulaire,* différentes parties de l'habitation et du mobilier.

II. — Description détaillée du costume masculin et féminin *avec indication précise du vocabulaire.*

III. — Description détaillée du matériel agricole, des objets de harnachement *avec indication précise du vocabulaire.*

IV. — Vocabulaire le plus complet possible de la faune et de la flore.

V. — La toponymie de la région.

VI. — La série des noms de parenté : à l'état absolu (*le* père) ; avec un adjectif possessif (mon père, ton père, son père, etc.) ; avec un complément d'appartenance (le père de Caddour).

VII. — Détermination *exacte* de l'emploi du duel ; est-il restreint aux substantifs, désignant des mesures et les parties doubles du corps ; a-t-il gardé un emploi plus étendu ; voir dans quels cas le duel étant devenu le pluriel pour les parties doubles du corps (*idin*, les mains, aussi bien que les *deux* mains), cet emploi du duel comme *pluriel* a été analogiquement étendu à *toutes* les parties du corps (par exemple : *Seb'in* ,les doigts, au lieu de *Sba'* ou *Swaba'*) (ceci pour l'arabe).

VIII. — Détermination *exacte* de la prononciation du ق dans la région ; si la prononciation dominante est K' (sourd), indiquer soigneusement les mots où par exception on trouve la prononciation G ; si la prononciation dominante est G (sonore), indiquer soigneusement où, par exception, la prononciation est K' ; indiquer les doublets où les prononciations G et K' différencient deux sens d'un même mot (par exemple : bk'à « rester », bgà « être maigre », « être exténué ») (ceci pour l'arabe).

## Coutumes locales et folklore

(MM. MARÇAIS et PELTIER)

I. — Décrire les différents contrats agricoles en usage dans la région.

II. — La naissance. — L'imposition du nom (noter à cette occasion les noms les plus fréquents et rechercher les vieux noms berbères [par exemple *Khàmlich*] encore en usage à côté des noms arabes *musulmans* généralement donnés). La circoncision.

III. — La mort. — Les funérailles. — Emplacement des cimetières, leur ancienneté relative. — Disposition de la tombe. — Culte des morts.

IV. — Le mariage. — Cérémonies du mariage. — Usages locaux en opposition avec le droit musulman orthodoxe. — Prédominance dans la région de l'endogamie ou de l'exogamie.

V. — Le calendrier agricole. — Conservation des noms des mois latins ; les fêtes du solstice d'hiver (*Ennaïer* ou *Innaïr*, ou *Bounini*), et du solstice d'été (*Ansra* ou *Ansla*). Les survivances du carnaval, description complète des cérémonies, non pas d'après des renseignements, mais d'après une observation personnelle. Les cérémonies pour obtenir la pluie.

VI. — Le culte des saints locaux. — Leurs légendes. Les djinn ; le culte des djinn.

VII. — Les jeux des enfants et les jeux des adultes.

VIII. — Recueillir les légendes locales relatives aux Beni Hilal. — Les versions locales de la chanson de la Djazya.

IX. — Il serait intéressant de rechercher ce qui peut subsister en Algérie d'une pratique pieuse des premiers temps de l'Islam appelée « Tahnik ». Le « Tahnik » consistait à présenter un nouveau-né à un personnage pieux qui mâchait une datte et, l'ayant crachée, l'introduisait avec le doigt dans la bouche de l'enfant.

D'une façon plus générale, il serait intéressant de rechercher si l'introduction de la salive dans la bouche d'un enfant ou d'autres personnes se pratique toujours en cas de maladie ou de visite à un personnage pieux.

Dans le même ordre d'idée, rechercher si l'on fait parfois avaler à un enfant nouveau-né de la cervelle de chacal pour lui apprendre par là le langage des chacals.

X. — Quelles précautions sont prises pour se protéger des démons ou des djins ?

A-t-on l'habitude de couvrir les vases contenant des liquides (« Takhamis », en arabe littéraire) ?

De nouer les outres contenant des liquides (surtout le soir) ?

De fermer soigneusement les portes au moment du moghreb (heure où passent les démons) ?

De faire rentrer les enfants et les bêtes au moment du moghreb, sauf à les laisser sortir ensuite, une fois la pleine nuit venue ?

XI. — Quels sont les mauvais présages les plus redoutés ?

Quels animaux, en particulier, sont de mauvais augure ?

Le balayage des maisons à certaines heures de la journée est-il considéré comme présageant un malheur ?

XII. — Y a-t-il des légendes ou des croyances superstitieuses se rapportant à l'arc-en-ciel ?

XIII. — Quels sont les rites nuptiaux (cérémonies accompagnant la célébration du mariage) ?

Y a-t-il certains mois qui soient préférés pour la célébration du mariage et considérés comme étant à ce point de vue de bon présage ?

XIV. — En ce qui touche le salam. Est-il d'usage que l'individu monté donne le salut le premier au piéton qu'il rencontre ?

XV. — Quelle est la signification attachée à ces nœuds que le passant fait souvent à une touffe d'alfa, de diss ou à une autre plante de la brousse ?

## Organisation sociale (M. Marçais)

I. — La tribu, le patron ou l'ancêtre éponyme: sa légende; son culte; souvenir d'une parenté primitive avec des groupes sociaux habitant d'autres territoires; les fractions de tribus; leurs rapports entre elles: djouad, chorfa, adaïdiya.

II. — Les bohémiens arabes appelés suivant les régions *Beni Adès* ou *Amriya,* leur genre de vie; leurs usages; se marient-ils toujours entre eux; font-ils constater leurs unions par les cadis; leurs relations avec les populations de la région; en existe-t-il des groupes fixés dans le pays, ou n'y font-ils que des apparitions périodiques. Coutumes particulières; religion; culte de Sidi-Ahmed ben Youcef el Miliani.

*Observation générale.* — Autant que possible multiplier les photographies pour chaque étude.

---

## Droit musulman (M. Morand)

I. — *Mariage.* — Clauses usuelles du contrat de mariage.

Dot : en quoi consiste-t-elle ? Quelle en est la valeur? Quels délais sont accordés pour son paiement ? Par qui est-elle effectivement perçue ? Par la femme ou par ses parents ?

Monogamie et Polygamie. — La polygamie a-t-elle une tendance à diminuer ? Si oui, pour quelles causes? Est-il fréquent que la femme stipule, en se mariant, que, tant que durera son mariage, le mari ne pourra prendre d'autres femmes ? Ou cette pratique ne constitue-t-elle qu'une exception ?

II. — *Répudiation.* — Fréquence. — Motifs. — Condition de la femme répudiée. — La répudiation constitue-t-elle une tare qui rendra difficile, pour la femme répudiée, un deuxième mariage ?

III. — *Enfants nés hors mariage.* — Nombre des naissances irrégulières. — Condition de l'enfant né hors mariage. — Sa situation dans la famille de sa mère. — Sa situation dans la famille de son père. — Celui-ci, malgré que la loi musulmane l'interdise, affirme-t-il sa paternité ? Introduit-il son enfant dans sa famille ? ou se désintéresse-t-il de son sort ? Situation de cet enfant dans la société musulmane.

IV. — *Adoption.* — La loi musulmane l'interdit. Mais ne s'est-elle pas maintenue à l'état d'institution coutumière et quels sont alors ses conditions de validité et ses effets ?

V. — *Propriété.* — Indivision ; sa fréquence ; sa raison d'être ; s'explique-t-elle par la force de la tradition et de l'habitude ? ou dérive-t-elle de l'application de certaines dispositions particulières de la loi musulmane en matière de succession *ab intestat,* par exemple ? ou le maintien en est-il imposé par les conditions économiques dans lesquelles se trouvent placés les indigènes ?

Faut-il la laisser subsister ? Ou s'efforcer de la faire disparaître ?

VI. — *Servitudes.* — Particularités qu'elles présentent suivant les régions.

Vaine pâture. — Conditions dans lesquelles elle est admise. — Droits d'usage des nomades.

VII. — *Habous.* — Fréquence. — Buts poursuivis par les constituants. — Clauses usuelles des actes de constitution. — Bénéficiaires définitifs généralement désignés.

VIII. — *Khamessat.* — Sa fréquence. — Le fermage ne tend-il pas à se substituer à lui ? Si oui, pour quelles causes ? Clauses habituelles du contrat de khamessat. — Du khamessat entre européens et indigènes. — Du khamessat entre indigènes.

IX. — *Preuve.* — Modes de preuve spéciaux admis par l'usage : serment au tombeau d'un marabout, etc.

### Kabylie et Aurès

I. — Constate-t-on en Kabylie et dans l'Aurès, un moindre attachement des indigènes à leurs coutumes ? Ces coutumes évoluent-elles ? Si oui, sur quels points ? Quel est le sens de leur évolution ? Se rapprochent-elles de notre droit ou tendent-elles à s'islamiser ?

II. — De la condition de la femme en Kabylie et dans l'Aurès. — Cette condition s'est-elle améliorée depuis l'occupation française ? Si oui, quelles ont été les améliorations réalisées ?

III. — Retracer d'après la coutume kabyle, la procédure d'exécution des jugements. — Rechercher, notamment, si en cette matière, la coutume kabyle admet comme la loi musulmane, la contrainte par corps.